LE

DROIT PRIVÉ DES ROMAINS

DANS L'*HISTOIRE* DE M. DURUY

PAR

CH. LESCŒUR

PROFESSEUR DE DROIT ROMAIN A L'INSTITUT CATHOLIQUE DE PARIS

PARIS

SECRÉTARIAT DE L'INSTITUT CATHOLIQUE

74, RUE DE VAUGIRARD, 74

1895

LE

DROIT PRIVÉ DES ROMAINS

DANS L'*HISTOIRE* DE M. DURUY

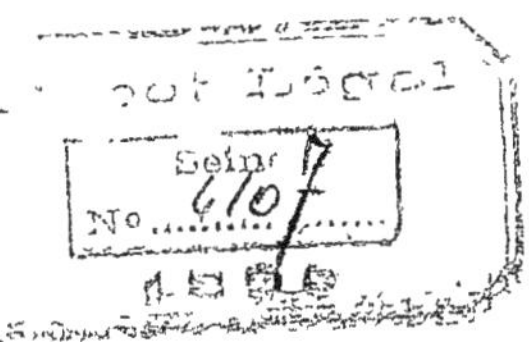

PAR

CH. LESCŒUR

PROFESSEUR DE DROIT ROMAIN A L'INSTITUT CATHOLIQUE DE PARIS

PARIS

SECRÉTARIAT DE L'INSTITUT CATHOLIQUE

74, RUE DE VAUGIRARD, 74

1895

EXTRAIT

du *BULLETIN DE L'INSTITUT CATHOLIQUE DE PARIS*

LE DROIT PRIVÉ DES ROMAINS

DANS L'*HISTOIRE* DE M. DURUY

On a beaucoup loué, du vivant de M. Duruy, et même depuis sa mort, les mérites de son grand travail, l'*Histoire des
Romains depuis les temps les plus reculés jusqu'à l'invasion des
barbares*, à laquelle il a consacré quarante années de sa vie
laborieuse. « C'est, dit M. Lavisse dans un article tout ré-
cent [1], une œuvre très vivante, dramatique et philosophique,
claire et profonde, une de celles qui font le plus d'honneur à
l'école historique française. » On lira sans doute des appréciations non moins élogieuses dans les discours que pronon-
ceront, quels qu'ils soient, le futur successeur de M. Duruy à
l'Académie française (M. Zola ou tout autre) et le collègue qui
aura à lui répondre. Je ne cite pas celles qui remontent à l'appa-
rition du livre : elles sont nombreuses, mais elles ont peut-être
moins de valeur. Les témoignages les plus flatteurs sont assurément les suffrages des trois Académies qui, presque immédiatement et coup sur coup, appelèrent M. Duruy dans leur
sein, et l'empressement que l'on mit à traduire son ouvrage en
allemand, en italien et en anglais.

Certes je suis le premier à reconnaître les brillantes qualités
de l'*Histoire des Romains*. J'admire autant que personne l'art
avec lequel le livre est composé, les descriptions pittoresques
que l'auteur jette au cours de son récit et qui nous mettent sous
les yeux les endroits mêmes où se sont accomplis les événe-
ments qu'il raconte, les portraits qu'il trace des hommes qu'il
met en scène, aussi saisissants que s'ils étaient peints d'après
nature, la recherche ingénieuse de la raison des choses, les
rapprochements neufs et frappants, les jugements nets et pro-

1. *Revue de Paris*, 1ᵉʳ mars 1895. Victor Duruy, par M. Ernest LAVISSE

fonds. J'apprécie surtout le style, qui donne à cette œuvre
d'érudition tout l'intérêt qu'on trouve d'ordinaire dans les
seules œuvres d'imagination, et qui fait non seulement qu'on
s'attache à cette lecture une fois commencée, mais qu'on va
sans fatigue jusqu'au bout de ces sept gros volumes. Les livres
sont faits pour être lus : celui-ci présente au plus haut degré
cette qualité essentielle, il peut être lu, et il le sera longtemps.
Qu'on le parcoure au hasard : nulle part on ne trouvera de
ces lourdes pages, de ces dissertations mortelles, de ces pé-
nibles démonstrations, comme on en rencontre tant dans les
livres d'outre-Rhin, ouvrages de bibliothèque, que l'on con-
sulte à l'occasion, mais qu'on ne lit pas [1].

Mais, dans cette œuvre de haut mérite, l'imagination n'a-

1. Je demande la permission de faire ici quelques citations. Voici en
quelques lignes un portrait du peuple romain au temps de la guerre
Samnite. « Ce peuple avait ses défauts; il aimait le travail, mais aussi
le butin, l'usure, les procès, et il avait dans le sang du lait de la louve.
Le créancier était dur pour son débiteur, le père pour son fils, le maître
pour ses esclaves, le vainqueur pour le vaincu. Ils avaient l'esprit court
du paysan qui vit la tête courbée sur le sillon, avec les passions brutales
des natures pesantes et l'orgueil grossier de la force physique. Rien de
généreux, rien d'élevé, ni art, ni philosophie, ni religion véritable ; pour
idéal le gain et la domination qui est la forme publique de l'esprit de
lucre... (I, p. 387 et 388). » A la page suivante vingt lignes nous donnent
du consulat une idée presque aussi exacte et plus nette que ne pourraient
le faire vingt pages d'un traité de droit public : « Dans la ville, les
consuls sont les chefs du gouvernement, mais ils sont deux, d'ordre
différent, et leur inévitable rivalité assure la prépondérance du Sénat,
auquel ils sont contraints, par leurs plus chers intérêts, de montrer une
prudente déférence. Ils reçoivent les ambassadeurs des nations étran-
gères (?), ils convoquent le Sénat et le peuple, proposent des lois, rédigent
les sénatus-consultes et commandent aux autres magistrats ; mais toute
cette puissance, plus honorifique que réelle, vient se briser contre
l'opposition d'un collègue ou l'autorité inviolable du tribunat, contre la
souveraineté du peuple qui fait les lois, contre un décret du Sénat qui
peut annuler les pouvoirs d'un consul en faisant nommer un dicta-
teur, etc... (p. 389). » Un peu plus loin viennent le Sénat, les patriciens,
les plébéiens, les magistrats divers, en des tableaux tracés de main de
maître. Il faut lire encore, si l'on ne peut pas tout lire, le résumé magis-
tral dans lequel, terminant son œuvre, l'auteur condense les considéra-
tions les plus élevées sur les causes qui ont fait la grandeur de Rome et
celles qui y ont mis fin. Il y a d'ailleurs, au point de vue de certaines
appréciations, des réserves très sérieuses à faire (V. *Bulletin critique*,
1884 p. 491 et 492, art. de M. l'abbé Duchesne).

t-elle pas vraiment une part trop souvent prépondérante? Les renseignements ne sont-ils pas quelquefois insuffisants, les lectures hâtivement faites, les documents mal compris, les opinions préconçues et non contrôlées? Est-il vrai, comme l'avance M. Lavisse, que l'auteur mît « un soin extrême à l'étude des sources épigraphiques, juridiques, historiques, littéraires et plastiques [1]? » C'est la question que j'ai été amené à me poser, en rencontrant çà et là, sur des points qui touchent au droit privé des Romains, des assertions, je ne dis pas contestables, mais assurément fausses. J'ai cru utile d'en rassembler ici un certain nombre et de les soumettre à l'appréciation d'un lecteur impartial. Il est possible que, avant même d'arriver au bout, il conçoive des doutes sur la valeur générale de l'ouvrage que j'examine à un point de vue tout particulier; en ce cas je le prie de vouloir bien réserver son jugement, car la conclusion que je lui proposerai sera loin d'être aussi sévère, l'exactitude absolue des détails n'étant point, à mon avis, une des conditions essentielles de la vérité dans l'histoire [2].

I

Il s'agit d'abord de la loi des **XII** Tables, ce petit code dont les Romains étaient si fiers, source de tout leur droit, *fons omnis publici privatique juris* [3], et qu'ils préféraient à toutes les bibliothèques des philosophes [4]. M. Duruy a bien senti l'importance que présentent ces vieux textes pour l'intelligence des vieilles institutions de Rome, et il les commente avec quelque détail. Il ne les a pas toujours bien compris.

Il cite, par exemple, la règle *Adversus hostem æterna auctoritas*, qui permet de revendiquer à toute époque les choses romaines possédées par un étranger; et il ajoute : « De là les efforts des provinciaux pour obtenir ce titre de citoyen qui, entre autres

1. Lavisse, *loc. cit.*, p. 80.
2. Mes citations se rapporteront à l'édition illustrée en 7 volumes.
3. Tite-Live, III, 35.
4. Cicéron, *De Oratore*, I, 44.

privilèges, donnait, après une jouissance de deux années, le droit de propriété sur ces terres vagues, si nombreuses partout où les légions avaient passé (tome Ier, p. 308.) » M. Duruy oublie que l'usucapion de deux ans n'est pas plus permise au citoyen romain qu'au provincial, quand il s'agit de ces terres lointaines dont il parle [1] ; que la *præscriptio longi temporis* seule s'y applique, et qu'à cet égard les provinciaux ont exactement les mêmes droits que les citoyens.

La loi, dans les XII Tables, prend un « caractère général. » « Plus de lois personnelles ; *ne privilegia irroganto*. La législation civile des XII Tables ne connaît que des citoyens romains. Ses dispositions ne sont faites ni pour un ordre ni pour une classe, et sa formule est toujours *si quis*, si quelqu'un : le patricien et le plébéien, le sénateur et le pontife, le riche et le prolétaire, sont égaux à ses yeux. *Forti sanatique idem jus esto*. Ainsi est enfin proclamée par cet oubli de distinctions, autrefois si profondes, la définitive union des deux peuples... » Certes la conclusion est juste Mais l'auteur commet un contresens énorme, quand dans une note explicative des mots *Forti sana-tique...* il traduit : « Que le *fort* et le *faible* aient le même droit (p. 212, note 1). » La plus simple réflexion aurait suffi pour l'avertir : on ne proclame pas dans une loi de pareilles vérités ; les décemvirs ne font pas une déclaration des droits de l'homme. Et puis il n'avait qu'à se reporter au passage de Festus auquel il nous renvoie : « Voyez dans Festus, V^o *Sa-nates*, l'explication de ce mot; » il aurait vu là que *Sanas* ne veut pas dire *le faible*, pas plus que *fortis* ne veut dire *le fort*. « Les *Sanates*, dit M. Cuq [2], étaient les peuples des environs de Rome qui avaient été soumis par les Romains. On leur donnait ce nom parce que, après avoir eu la folie de faire défection, ils étaient redevenus au bout de peu de temps les amis des Romains. Les *Forctes* au contraire étaient invariablement restés fidèles. Il y avait donc deux sortes de déditices. Mais dans une pensée d'apaisement on les traita tous

---

1. Gaius, *Comm.*, II, 46 : *Item provincialia prædia usucapionem non reci-piunt*.

2. *Les institutions juridiques des Romains*, p. 396.

de la même manière. » Voilà ce que nous apprend Festus [1].

« L'esprit aristocratique perce cependant dans ce code ré-
digé par des patriciens. « Que le riche plaide pour le riche ; pour
« le pauvre, qui voudra. » Ce n'est là que du dédain...(p. 212). »
Ici encore M. Duruy se trompe. Pour traduire exactement la
phrase : *Assiduo vindex assiduus esto ; proletario quivis volet
vindex esto*, il faudrait savoir ce qu'est au juste le *vindex* [2] ; et ne
le sachant pas, il se méprend sur le caractère de la disposition
qu'il critique : c'est une pensée éminemment démocratique
que celle qui permet au premier citoyen venu, quelle que soit
sa fortune, de prendre fait et cause pour un prolétaire et de le
soustraire à la *manus injectio* [3].

Nous attacherons moins d'importance à cette description de
la *Legis actio* : « Il fallait tenir à la main un *fétu de paille* en
souvenir de la lance du Quirite, toucher de l'autre l'objet con-
testé, déclarer son droit avec des termes consacrés et *jeter le
fétu sur l'objet* (p. 213) ; » comme aussi à cette description de la
stipulation : « Pour un *emprunt* il fallait dire : *Dari spondes?*
promets-tu de donner? et que le prêteur répondît : *Spondeo;*
je m'y engage. Qu'un des deux change un de ces mots ; et il
n'y a plus de contrat, plus de créancier ni de débiteur, et si
l'argent a été livré, il est perdu (p. 142). » La *festuca* était chez
les Romains une baguette, et non un brin de paille ; ce sont les
Germains qui se sont servis du fétu soit pour la conclusion
d'un contrat (*fides facta*), soit en justice. Quant à l'emprunt et
à la stipulation, ce sont deux contrats absolument distincts.

Quelques autres taches pourraient encore être signalées :
ainsi notre auteur n'a pas des idées nettes sur le mariage au
temps des XII Tables (p. 207), (il ne soupçonne pas le mariage
sans *manus*, et il semble bien associer ensemble, d'une façon
indissoluble, la *manus* et la puissance paternelle) ; ni sur le tri-

---

1. FESTUS, v° *Sanates*, p. 524, 15 Th. : *Itaque in XII cautum est ut idem
juris esset sanatibus quod forctibus, id est bonis et qui nvmquam defecerant a
populo Romano. — Sanates dicti suntqui supra infraque Romam habitave-
runt, quod nomen his fuit quia cum defecissent a Romanis, brevi post redie-
runt in amicitiam, quasi sanata mente.*

2. V. GAUCKLER, *Nouvelle Revue historique*, 1889, p. 601 et s. — CUQ,
op. cit., p. 427 et s.

3. V. CUQ, *op. cit.*, p. 428.

bunal des Centumvirs (il croit que « pour les causes graves les juges étaient pris dans le Sénat ; *pour les affaires moins importantes*, dans le corps des Centumvirs élus au nombre de trois par chacune des trente-cinq tribus (p. 394) », alors que les Centumvirs étaient au contraire saisis des affaires civiles les plus importantes, et les jugeaient en tribunal, sous la présidence du Préteur, et non à titre de *judices privati;*) ni sur la date, si intéressante aux yeux des romanistes, de l'institution du *Prætor peregrinus*, que dans un endroit il dit de vingt ans seulement postérieure à celle du *Prætor urbanus* [1], tandis qu'il y a plus d'un siècle entre ces dates [2]. Il fixe sans hésitation à $8 \frac{1}{3}$ % l'*unciarium fœnus* de la loi des XII Tables (p. 211 ; p. 284, et note 4) : or les savants sont très partagés sur cette question ; le taux était-il de 1 %, de $8 \frac{1}{3}$ %, de 10 %, de 12 %, de 100 % ? toutes ces opinions ont été soutenues.

Mais laissons ces points sur lesquels on n'est pas d'accord ; continuons à parcourir le livre en ne signalant que les erreurs certaines.

II

Dans les tomes II, III et IV, nous ne trouverons qu'à glaner : l'auteur rencontre moins fréquemment l'occasion d'exposer ses idées sur le droit privé des Romains.

Voici celle qu'il se fait de la loi Cincia : « Une autre (loi) de l'an 204 rendait les prodigalités difficiles, en les soumettant à des formalités publiques, qu'on n'aimait pas à remplir quand une courtisane devait profiter de ces dons, aux dépens de la famille du donateur (II, p. 219) ». Si une note ne mentionnait

1. I, p. 268. « On se trouva si bien de cette institution (de la préture urbaine) que, vingt ans plus tard, il fut créé un second préteur pour les contestations entre citoyens et pérégrins, le *prætor peregrinus*..... Rome a donc dès cette époque les deux ouvriers qui vont amasser lentement les innombrables matériaux avec lesquels les jurisconsultes élèveront le magnifique monument des Pandectes. » Sans cette seconde phrase on pourrait croire à une faute d'impression : l'auteur aurait écrit *cent vingt ans*. Plus loin (p. 533) il rectifie son erreur : « Aussi créa-t-on, en 243, un *prætor peregrinus*... »

2. La date de l'institution de la *preture urbaine* est 387 *ab U. C.* = 367 av. J. C. Pour la *preture peregrine*, la date est probablement 507 ou 512 = 247 ou 242.

pas le nom de cette loi, *lex Cincia* ou *muneralis*, la reconnaî-
trions-nous ainsi présentée comme une loi portée contre les
femmes, à côté des lois Voconia et Atilia, et comme instituant
des *formalités publiques ?* M. Duruy confond le régime inauguré
par la loi Cincia et celui de l'insinuation qui n'a fonctionné que
beaucoup plus tard, sous l'Empire ; sous la République, la
perfection des donations n'est astreinte à aucune condition de
publicité, pas plus depuis la loi Cincia qu'avant cette loi.[1] Quant
aux circonstances qui l'ont amenée, si c'est contre une certaine classe de personnes qu'elle a été portée, c'est contre les
avocats bien plutôt que contre les femmes[2]. N'importe : l'auteur tient à son idée : « Efforts impuissants, continue-t-il : les
courtisanes deviendront de jour en jour plus nombreuses. »

La loi Plætoria paraît tout d'abord mieux comprise (p. 271).
Cette loi, voulant empêcher la *circumscriptio adolescentium*,
instituait contre l'auteur des manœuvres frauduleuses, une
poursuite ouverte à tous, qui entraînait l'infamie pour le
condamné. Mais une note nous apprend qu' « il y avait alors
contre le créancier *judicium publicum*, tandis que, au-dessus de
25 ans, le débiteur qui se plaignait d'une fraude, n'avait contre
son adversaire que l'action *de dolo malo :* c'était une contesta-
tion privée. » Ainsi la loi Plætoria serait venue compléter le
système de protection déjà établi contre le dol : les majeurs
avaient l'action de dol, les mineurs auront le *judicium legis Plætoriæ*, bien préférable parce qu'il est *publicum !* Et M. Duruy
nous renvoie à Cicéron, qui aurait pu lui apprendre que l'action *de dolo malo* est d'au moins un siècle postérieure à la loi
Plætoria[3]. Quand elle eut été introduite par Aquilius Gallus,
contemporain de Cicéron, le *judicium legis Plætoriæ* tomba en
désuétude : c'est apparemment qu'il était moins efficace.

Les erreurs sur la condition des personnes paraîtront sans

---

1. La loi Cincia disposait que les donations dépassant un certain taux
et faites à des personnes autres que certaines *personæ exceptæ*, ne
seraient définitives, *perfectæ*, que lorsqu'il ne resterait plus au donateur
imprudent aucun moyen de droit, pour revenir sur sa libéralité.
V. Accarias, n° 303.

2. Tacite, *Ann.*, XI, 5, 6, 7 ; XIII, 42 ; Pline le Jeune *Epist.* V, 4, 14, 21 ;
Suétone, *Nero*, 17.

3. Cicéron, *De nat. deorum*, III, 30 ; *De officiis*. III, 14.

dóute plus graves. « L'esclave en droit n'était pas une chose, mais une personne *alieni juris* (p. 385, note 3) ». C'est le contraire qui est vrai : en droit l'esclave est une chose : « *(Res) corporales sunt*, dit Gaius,... *velut fundus, homo, vestis...* » Et Justinien le répète encore [1].

« Autrefois la possession équivalait au titre, la violence assurait le droit. Des femmes, des enfants, des hommes étaient volés dans les villes et sur les grands chemins... La loi de la cité ne reconnaissait plus le citoyen à qui la violence avait ravi la liberté : il restait à ses yeux, même après l'affranchissement, marqué d'une tache indélébile, et s'il voulait recouvrer ses droits, il devait rentrer, sans être vu, par la porte secrète de l'*impluvium*, pour permettre à la loi d'accepter l'excuse de l'absence (p. 379). » Ainsi, d'après M. Duruy, les citoyens romains pris par des brigands ou des pirates, deviennent vraiment esclaves ; ils peuvent être l'objet d'une *manumissio*, et ils seront légalement des affranchis ; le *postliminium* ne leur est point inutile, et ce droit (bizarrement appelé dans une note *droit de la rentrée secrète*) n'est acquis à ceux qui .'invoquent que lorsqu'ils sont rentrés dans leur maison. Aucun romaniste ne sera, sur aucun de ces points, d'accord avec M. Duruy : on peut consulter à cet égard les traités les plus élémentaires [2].

« L'autorité absolue du père et de l'époux fléchissait. La *remancipatio* permettait à la femme de demander le divorce (p. 270). » Entendez : la femme peut demander le divorce, et grâce à la *remancipatio* elle sera affranchie de la *manus*. « Par les développements successifs de la théorie du pécule et de l'institution de la dot, ils (les jurisconsultes) allaient autoriser le fils et l'épouse à posséder indépendamment du chef de famille (p. 270). » On ne voit pas au premier abord comment l'institution de la dot permet à la femme de posséder indépen-

---

1. Gaius, II, 13. — Instit. de Justinien, II, 2, § 1er.

2. Marcien, 13, pr. D. *Qui testam.*, xxviii, 1 : *Qui a latronibus capti sunt..... liberi manent...* — Instit. I, iv, § 1 : *Quum ingenuus aliquis natus sit, non officit ei in servitute fuisse et postea manumissum esse* — Cf. Paul, *Sent.*, V, 1, 2. — Ulpien, 24, D. *De captiv.*, xlix, 15 : *Qui a latronibus captus est, servus latronum non est, nec postliminium illi necessarium est.* — Pomponius, 5, § 1, D. *eod.* : *Tunc reversus intelligitur si aut ad amicos nostros perveniat aut intra præsidia nostra esse cœpit.*

damment du chef de famille, puisque c'est lui qui est propriétaire des biens dotaux. L'auteur veut probablement exprimer
cette idée, juste d'ailleurs, mais qu'il faut deviner, que l'intro-
duction des actions en restitution de la dot a donné à la femme
une certaine indépendance.

Les Italiens n'ont pas le *jus commercii*. M. Duruy croit qu'il
s'agit du droit de *faire le commerce* [1]. Et il tire de là l'explication
de la triste situation économique dans laquelle devait tomber
la péninsule au temps des Césars. Mais le *jus commercii* est proprement le droit de participer à la mancipation [2]. Et les Italiens ont toujours eu, comme des pérégrins quelconques, la
liberté de commercer, soit entre eux. soit avec les Romains, en
employant soit les modes qu'admettaient leurs lois particu-
lières, soit ceux du droit des gens.

Autre erreur : les Italiens n'avaient pas, dit M. Duruy,
quand il s'agit d'expliquer la guerre sociale, le droit d'agir en
justice : ne pouvant invoquer le *jus civile*, ils n'acquéraient
que des créances naturelles, n'assurant aucune action contre
le débiteur [3].

1. I, p. 373 et 374 : « Interdiction formelle de toute ligue, de tout
commerce, de mariage même, entre les Italiens de cités ou de cantons
différents... . La défense qui rompait tout lien entre les cités était d'ordre
politique et se comprend aisément ; celle qui n'autorisait pour l'Italien
l'exercice du *jus commercii* que dans les limites de son territoire, était
d'ordre économique et eut de graves conséquences qui n'apparaissent
pas tout d'abord. Pouvant seuls acheter et vendre par toute la péninsule,
en ne rencontrant que la concurrence très limitée des habitants du lieu
où se faisait l'opération, les Romains eurent un privilège qui leur permit
de réunir peu à peu dans leurs mains une grande partie de la propriété
foncière italienne. » — II, p. 297 : « Lorsqu'il interdisait aux alliés et
aux sujets de commercer avec leurs voisins, le Sénat n'avait eu qu'une
pensée politique..... » — II, p. 530 : « Ils ne pouvaient ni hériter d'un
citoyen ni lui acheter..... »

2. V. Accarias, *Précis de droit romain*, n° 45 ; Cuq, *op. cit.*, p. 106 ;
May, *Eléments de Droit romain*, p. 60. — Cf. Ulpien, *Règles*, xix, 4.

3. II, p. 529 et 530 : « Dans les rapports judiciaires du créancier et du
débiteur, le *jus civile* accordait une action au créancier contre le débiteur
pour obtenir la prestation déterminée entre eux. Mais les obligations
naturelles fondées sur le *jus gentium*, c'est-à-dire en dehors de la protection du droit civil romain, n'assuraient au créancier aucune action contre
le débiteur. » — Après avoir exposé la condition des Italiens, l'auteur
ajoute une note (p. 530, n. 1) : « Cf. Heineccius, *Elém. de D. r.* ; Hugo.
Hist. du D. r. ; Laboulaye, *Histoire du droit de propriété foncière en Occident*,

Nous arrivons au temps d'Auguste. Les lois caducaires ne sont pas mal comprises. Mais voici, au sujet des fidéicommis, une assertion qu'on ne peut laisser passer. « Les pères de famille trouvèrent un autre avantage dans le système des fidéicommis qui, régularisé par Auguste, permet de faire arriver un héritage à des personnes autrefois incapables d'en recevoir. Les citoyens ayant le *jus trium liberorum* en profitèrent à l'exclusion des célibataires (III, p. 779, note 1). » Tout au contraire, les fidéicommis servirent primitivement à éluder les lois caducaires, et les célibataires en profitèrent au détriment des *patres* (qui n'ont pas besoin, soit dit en passant, d'avoir trois enfants pour profiter des avantages qu'Auguste leur destine). C'est seulement sous Vespasien que le sénatusconsulte Pégasien mit fin à cet abus [1].

La loi Junia Norbana serait, sans discussion, de l'an 19 de notre ère (IV, p. 318, note). Or la question est fort douteuse : beaucoup d'auteurs la croient antérieure d'un siècle à cette date [2]. Et cette question n'est pas sans intérêt puisqu'il s'agit de savoir à quelle époque remonte la constitution d'une classe nouvelle et nombreuse de personnes, les Latins Juniens.

« Le sénatus-consulte Velléien défendit les femmes contre leur ignorance des subtilités du droit en matière d'obligations (p. 404). » Voilà tout ce que notre auteur trouve à dire sur ce sénatus-consulte : ce n'est assurément ni suffisant ni juste. Le Velléien est un document d'une importance capitale, qui a exercé sur la condition civile des femmes, jusqu'à notre époque même, une influence considérable [3]. Et il les a protégées

---

Marezoll, *Droit privé des Romains*; Rudorff, *Rœm. Rechtsg.*; Bethmann-Holweg, etc. » Je n'ai eu garde de consulter tous ces auteurs; je n'aurais trouvé dans aucun d'eux les renseignements erronés que je viens de rapporter. Mais je signale en passant l'abus que fait M. Duruy des citations non vérifiées ou impossibles à vérifier.

1. Gaius, II, 275, 286, 286 *a*.

2. Accarias, *op. cit.*, n° 62, note. — Romanet du Caillaud, *De la date de la loi Junia Norbana* (comptes rendus de l'Acad. des Inscriptions, 25 avril 1882).

3. V. Paul Gide, *Etude sur la condition privée de la femme* (éd. de 1885), p. XXII; p. 2 : « Cette institution dont l'objet est si restreint, a étendu ses applications et son influence dans toutes les parties du droit privé. Cette institution qui remonte aux premières années de notre ère, a su per-

non contre des subtilités juridiques, mais contre les conséquences toutes naturelles d'actes fort simples, comme par
exemple une promesse par stipulation.

Un sénatus-consulte de l'an 20 aurait introduit une certaine
amélioration du sort des esclaves. « *Si servus reus postulabitur,
eadem observanda sunt quæ si liber esset (Dig.* xlviii, 2, 12, § 3). »
M. Duruy, qui ne paraît pas s'être reporté au texte qu'il cite
(car il le cite inexactement, p. 318, note 1), ne voit pas que
l'assimilation entre l'esclave et l'homme libre est faite au point
de vue de l'imputabilité des faits, et non au point de vue des
peines à appliquer. « Sous la République, dit-il, la peine était
arbitraire, et toujours plus dure pour l'esclave que pour
l'homme libre. Dans le droit pénal des empereurs l'esclave fut
traité comme l'ingénu de basse condition, *humilior*, parce que
natura est communis (ibid. § 4) [1]. » Les jurisconsultes nous
disent au contraire que les peines, lorsqu'elles comportent des
degrés, sont plus rigoureuses pour les esclaves que pour les
hommes libres, même de basse condition [2]. Notre auteur
ne s'est-il pas laissé entraîner par sa sympathie pour Tibère,
qu'il a, comme on sait, prétendu réhabiliter, et auquel il

sister à travers les âges, s'imposer à des races nouvelles, résister au choc
violent des révolutions comme à l'action dissolvante du temps, et se
maintenir enfin jusqu'à nos jours, encore vivace et pleine d'avenir, chez
plusieurs peuples de l'Europe. »

1. Encore une citation non vérifiée. En se reportant au texte on verra
que les mots *natura est communis* n'ont pas le sens que leur prête
M. Duruy.

2. C'est ce que dit précisément le § 4, cité par M. Duruy, pour le cas
d'injures : *durior ei (servo) pœna extra ordinem imminebit.* — Cf. 16, § 3, *D.
De pœnis,* XLVIII, 18 : *Aliter puniuntur ex iisdem facinoribus servi quam
liberi.* — 1, § 13, *D. De lege Cornelia de falsis,* XLVII, 10 : *Pœna falsi...
deportatio est et omnium bonorum publicatio; et si servus eorum quid commi-
serit, ultimo supplicio affici jubetur.* — P\ul, *Sentences,* V, xxv, § 1er : *Lege
Cornelia testamentaria .... honestiores quidem in insulam deportantur,
humiliores autem aut in metallum dantur aut in crucem tolluntur; servi
autem post admissum manumissi capite puniuntur.* — P\ul, *Sent ,* V, xx, § 2 :
*Qui terminos effodiunt vel exarant, arboresve terminales evertunt, siquidem
id servi sua sponte fecerint, in metallum damnantur; humiliores in opus
publicum, honestiores in insulam..... relegantur.....* — Cf. 16, *Cod., Ad
legem Fabiam,* IX, 20 ; 1 *Cod.,De mulieribus,* IX, 11. — *Instit.* de Justinien,
IV, xviii, § 7.

voudrait faire honneur d'une mesure humaine à l'égard des esclaves ?

En sens opposé il juge que Trajan « ne ressentait pas le contrecoup des doctrines qui ébranlaient alors l'esclavage (p. 781) ». Pourquoi ? parce qu'il a, paraît-il, décidé « par un édit que l'affranchi ou l'esclave qui aurait acheté ou obtenu de l'empereur, à l'insu du patron ou du maître, le droit complet de cité, par conséquent la libre disposition de ses biens, conserverait ce droit sa vie durant, mais à sa mort redeviendrait affranchi latin, de sorte que sa fortune fît retour à son ancien patron (p. 778) ». On devine qu'il s'agit là de la *restitutio natalium*. Mais que d'erreurs dans ces quelques lignes ! A les lire on croirait qu'un esclave pouvait, sans le consentement de son maître, même à son insu, acheter la liberté ; qu'un affranchi n'avait pas, de droit commun et sans une concession spéciale, le droit de cité complet et la libre disposition de ses biens ; que, lorsque la *restitutio natalium* avait été accordée sans le consentement du patron, l'affranchi était traité comme un Latin Junien, etc. Or la *restitutio natalium* est une fiction par laquelle l'affranchi est censé être né libre ; elle le rend ingénu, apte aux honneurs, etc. Elle éteint les *jura patronatus*, notamment le droit de succession du patron. « *Ideoque*. dit Marcien [1], *imperatores non facile solent quemquam natalibus restituere, nisi consentiente patrono*. » Trajan se conformait à cet usage [2]. Si le patron ne consentait pas, l'empereur se bornait à accorder le *jus aureorum annulorum*, qui ne portait aucune atteinte aux droits du patron, mais produisait tous les autres effets de la *restitutio*. On voit qu'il n'est pas question, loin de là, de traiter en pareil cas l'affranchi comme un Latin Junien,

III

Arrivé à la fin du ${\rm II}^e$ siècle de notre ère, l'historien s'arrête et jette un coup d'œil sur les institutions publiques et privées de Rome à cette époque. « La moitié de l'histoire d'un peuple, et la plus certaine, est écrite dans ses lois... La vie intime

1. 2 D., *De natal. restit.*. XL, 11.
2. Pline le J., *Epit.* X. 4 et 8.

d'une nation, celle qui est sa vie de tous les jours et d'un siècle, se reflète dans ses lois où elle demeure éternellement. Or, à l'époque des Antonins, les Romains avaient à peu près achevé l'œuvre immense, non pas de leurs codes qui parurent plus tard, mais de leur législation civile (V, p. 236). » Pour connaître l'histoire des Romains, il faut donc étudier leur droit privé, non pas tout leur droit, ce serait affaire de jurisconsulte (p. 237), mais surtout l'organisation de la famille. Or ce chapitre dont l'auteur nous fait ainsi sentir l'importance, est malheureusement à refaire presque en entier. Les renseignements qu'on y trouve ont cependant été puisés à bonne source, les citations en font foi ; mais ils ont été mal mis en œuvre : pour éviter la monotonie d'un exposé dogmatique, ils ont été défigurés, et, sous les brillants dehors d'un style imagé, ils ont perdu toute exactitude.

Le père et l'enfant. — « Pour que l'enfant naquît citoyen, il fallait que... le mariage, *conubium*, eût été accompli avec toutes les formes légales (p. 238). » D'abord *conubium*, dans la langue juridique, ne veut pas dire *mariage*, mais aptitude à le contracter. Ensuite le mariage romain se concluait sans formes D'ailleurs, plus loin (p. 262), M. Duruy reconnaît que, « lorsque le consentement a été donné, le mariage est légalement conclu : aucune autorité civile ou religieuse n'y intervient... les pompes, les cérémonies qui l'accompagnent, ne sont point nécessaires à sa validité. »

La paternité, dit notre auteur, donne droit aux *caduca*. Mais quand on veut savoir ce que sont les *caduca*, on apprend que « ce sont les parts réservées au fisc (p. 242). » Le vrai est que les *caduca* sont les dispositions testamentaires dont le bénéfice est enlevé aux célibataires, aux *orbi*, aux Latins Juniens, et qui sont attribuées à titre de primes, *præmia*, aux héritiers et aux légataires *patres*. Le fisc ne vient qu'à leur défaut [1].

Puberté et *fin de la minorité* sont pris comme synonymes (p. 246, n. 3). Or on est pubère à 14 ans ; on reste mineur jusqu'à 25 ans.

« L'enfant soumis à la puissance paternelle, n'obtint jamais

1. ULPIEN, *Reg.*, *tit.* XVII.

l'action d'injures contre son père (p. 250). » Est-ce qu'il peut avoir contre son père une action quelconque ?

L'enfant vendu par son père deviendrait vraiment esclave. Ce serait même là, avec la *piraterie* et le *brigandage*, une source considérable de l'esclavage sous l'empire (p. 250). Plus loin, il est vrai, l'erreur est rectifiée : l'enfant vendu n'est soumis qu'à cette espèce particulière de puissance qu'on nomme le *mancipium*.

Les tiers lésés par le délit d'un fils de famille « ont le choix d'agir contre le fils, *lorsqu'il a un pécule*. ou d'exercer contre le père l'action noxale, *qui le force à livrer le coupable* (p. 250). » Deux erreurs : le fils peut être poursuivi, même lorsqu'il n'a aucun pécule [1], et le père, si le tiers agit contre lui, n'est pas obligé d'abandonner le coupable : il ne le fait que s'il le veut, pour échapper au payement de la *litis æstimatio* [2].

« Le père seul a le droit de faire passer son fils (par l'adoption) dans une famille étrangère ; *mais la puissance d'un tuteur ne s'étend pas jusque-là* (p. 252). » L'auteur parle ici spécialement de l'adoption proprement dite qui s'applique aux fils de famille, et non de l'adrogation qui s'applique aux *sui juris* ; il s'imagine que le pupille en tutelle est un individu *alieni juris*.

Voici les formes de cette adoption : « Lorsque deux chefs de famille s'étaient accordés sur les conditions d'une adoption, ils se rendaient, s'ils étaient à Rome, chez le préteur urbain, en province, devant les duumvirs ou le gouverneur. On faisait venir le *libripens*, sorte d'officier public chargé de présider à la conclusion de tout contrat de vente ; il arrivait portant sa balance, escorté de plusieurs scribes. Le futur père adoptif annonçait son intention et le nom qu'il voulait donner à l'adopté. Le père naturel déclarait y consentir et céder ses droits sur son fils à la partie contractante. L'enfant était acheté définitivement par son nouveau père qui frappait sur la balance et don-

---

1. Gaius, 39, *D. De O. et A.*, XLIV, 7 : *Filiusfamilias ex omnibus causis tanquam paterfamilias obligatur, et ob id agi cum eo tanquam cum patrefamilias potest.*

2. Gaius, *Comm.* IV, § 75 : *... noxales actiones proditæ sunt uti liceret patri... aut litis æstimationem sufferre ant noxæ dedere : erat enim iniquum nequitiam eorum ultra ipsorum corpora parentibus... damnosam esse.*

nait un as comme prix de ce qui lui était vendu. Aussitôt acheté le fils était émancipé et tombait, par cela même, sous la puissance paternelle. La vente recommençait jusqu'à trois fois, afin que le père perdît tous ses droits sur lui. Alors avait lieu l'*in jure cessio*, procès fictif servant à conclure beaucoup d'actes civils et qui était une *revendication* de propriété. Dans l'espèce la propriété transmise était la *patria potestas*. L'acte dressé par les scribes, inscrit sur les registres publics, était signé par cinq témoins parvenus à l'âge de puberté. Ces formalités remplies, l'enfant faisait partie d'une nouvelle famille (p. 253). » Il est visible, pour tous ceux qui connaissent le droit romain, que M. Duruy brouille ensemble la mancipation et l'*in jure cessio*, que l'on utilisait l'une et l'autre pour la réalisation d'une adoption, mais successivement et sans les confondre en un acte unique. Ensuite que d'inexactitudes dans les détails ! sur le rôle des *duumvirs*, qui précisément sont, en principe, incompétents pour procéder à l'*in jure cessio* [1], du *libripens* chargé de *présider à la conclusion de tout contrat de vente*, des témoins qui semblent n'intervenir que lors de la rédaction de l'acte écrit, alors que leur rôle est d'assister à la mancipation ! Que viennent faire ici *plusieurs scribes ?* Où a-t-on vu que l'adoptant commençait par *déclarer le nom qu'il voulait donner à l'adopté ?*

« La fortune de l'adrogé passait d'abord tout entière à l'adrogeant. Pour éviter que l'adrogé et ses agnats ne fussent dépouillés au profit de l'ancienne famille de l'adrogeant, Antonin décida que l'adrogé, déshérité ou émancipé sans motifs, aurait droit à un quart des biens de l'adrogeant. Ce fut la quarte Antonine (p. 255, n. 4). » L'auteur oublie de nous dire que l'adrogé reprend en outre tous les biens qu'il a apportés : on reconnaîtra que ce détail a son importance. De plus, il donne à entendre que l'innovation d'Antonin s'appliquait dans toute adrogation : or la quarte Antonine n'a lieu que dans le cas relativement rare où l'adrogé est un impubère qui n'est point encore arrivé à la puberté lorsque meurt l'adrogeant.

« En droit public et comme citoyen, le fils était parfaitement

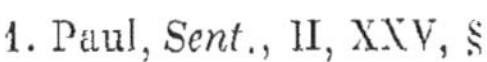

---

1. Paul, *Sent.*, II, XXV, § 4

indépendant du père : il votait, servait à l'armée, exerçait une charge, même une tutelle, en pleine liberté, et, à moins d'exhérédation testamentaire, il avait droit à la succession paternelle (p. 255). » Que vient faire, à propos de droit public, cette mention des droits de succession du fils de famille?

L'époux, l'épouse et la parenté. — Nous voyons tout d'abord, parmi les empêchements du mariage, figurer celui-ci : la femme libre ne pouvait épouser le colon d'un tiers (p. 257, n. 1). Ce qui donnerait à penser que l'institution du colonat remonte aux Antonins, opinion difficile à soutenir [1]. En tout cas, l'empêchement dont il s'agit ne date certainement que d'une novelle de Justinien (Nov. XXII, ch. 17).

La femme est « en la puissance du mari, et elle y vient de trois manières : par l'*usage*, la *coemption* et la *confarréation* (p. 262). » On croirait d'après cela que la *manus* est encore en pleine vigueur aux IIe et IIIe siècles. L'auteur dit cependant un

---

1. M. Duruy la soutient cependant (V, p. 324, et VII, p. 193). Il se fonde sur certains textes juridiques de l'époque classique qui font mention des *coloni* : Ulpien, L, 15, 4, § 8 ; Marcien (citant un rescrit de Marc-Aurèle et de Commode), XXX, 112 pr. Mais chacun sait que le mot *colonus* a été employé de tout temps, dans le sens de *fermier, cultivateur*. Ainsi le premier de ces textes impose au propriétaire d'un fonds rural l'obligation de déclarer au fisc ses *coloni* ou *inquilini*, sous peine d'être tenu à leur place de l'impôt personnel : cela ne prouve en aucune façon qu'il y eût déjà des colons immobilisés sur le sol qu'ils cultivent. La loi 112 pr. *De leg.* 1°, de Marcien, parle de *prædia quibus adhærent inquilini;* et Cujas (sur cette loi, tom. VII, c. 1077) en avait tiré la même conclusion que M. Duruy. Mais là encore il est question de fermiers libres, ou mieux de locataires de maisons, et les mots cités font allusion, non à un lien légal entre les personnes et le fonds de terre, mais à l'état de fait : elles *sont fixees sur le fonds*, dirions-nous en français, sans que cette manière de parler pût donner lieu de croire qu'elles sont incapables de le quitter.

M. Duruy invoque encore la loi 8 pr. D., *De instructo...* XXXIII, 7, qui comprend les *villici* dans l'*instrumentum fundi;* mais il s'agit là de savoir ce qui est compris dans le legs d'un fonds *cum instrumento*, et il est tout naturel de comprendre dans le legs d'un fonds rural avec tout ce qui le garnit, les esclaves qui le cultivent, comme on y comprend les *atrienses* et les *scoparii* quand il s'agit d'une *villa* (8 § 1er h. t.). Ce texte ne prouve donc pas l'immobilisation, mais seulement le caractère accessoire du *colonus* par rapport au fonds.

M. Fustel de Coulanges, qui soutient la même thèse que M. Duruy

peu plus loin (p. 263) que ni l'*usus* ni la *confarreatio* n'avaient conservé à cette époque leur ancienne application.

Suit une description fantaisiste de la *coemptio*, « vente simulée que les deux époux se faisaient l'un à l'autre de leur personne, et cette vente s'accomplissait avec les cérémonies ordinaires de la mancipation. La femme vient au Forum, devant le préteur ou le *duumvir*. (On a déjà vu plus haut que, suivant M. Duruy, la mancipation suppose la présence du magistrat : c'est une erreur.) Elle a trois as, l'un qu'elle remet au *libripens*, l'autre qu'elle dépose dans un simulacre de maison, le troisième qui est placé dans sa chaussure. Avec le premier, elle achète son mari ; avec le second, le droit d'entrer dans sa nouvelle demeure ; avec le dernier, les dieux pénates et la participation au culte religieux de la famille dont elle va faire partie. Le dialogue suivant s'engage : « Femme, veux-tu être ma mère de famille? — Je le veux. — Homme, veux-tu être mon père de famille? — Je le veux. » Ces formules prononcées, la cérémonie est terminée (p. 263 et 264). » La vérité est que nous ne connaissons pas les formes ni les paroles de la *coemptio :* les descriptions que donnent les écrivains de la basse époque, comme Servius ou Boèce, ne sont admises par aucun romaniste [1]. Si la femme joue, dans la *coemptio*, un rôle iden-

(*Recherches sur quelques problèmes d'histoire*, 1885, 1ᵉ étude. — *Revue des Deux Mondes*, 15 oct. 1886, *Le domaine rural chez les Romains*, p. 850 et s. cite Scévola, XXXIII, 7, 20 § 3 : il s'autorise de ce texte pour dire que le fermier libre, qui ne payait pas, pouvait, à l'expiration de son bail, être retenu sur le fonds, s'il ne trouvait pas de répondants. Mais le texte ne reconnaît pas au propriétaire ce droit de retenir le fermier jusqu'à parfait paiement ; il ne dit même pas que le fermier, pour s'en aller, dût fournir des répondants, car *interponere cautionem* veut dire promettre par stipulation (Cf. Paul Fournier, *Revue des Questions historiques*, 1886, ii, p. 186, et s.)

Ajoutons enfin que, si ces textes établissaient l'existence du colonat dès le iiᵉ siècle, on en trouverait d'autres pour dire que le propriétaire n'a pas le droit d'expulser le fermier, car le propriétaire du sol ne peut pas plus séparer de la terre le colon proprement dit, que celui-ci ne peut la quitter. Or ces textes n'existent pas pour l'époque classique.

1. V. Cuq, *op. cit.* p. 220. — Les renseignements donnés par M. Duruy paraissent avoir été empruntés à un vieux petit livre, *les Romains, tableau des Institutions politiques, sociales, religieuses de la République romaine*, par Ozaneaux, Paris, 1845 (p 247). Celui-ci les a tirés de Nonius Marcellus (Vº *Nubentes*), et de Boèce (*sur Cic. Top*, iii, 14).

tique à celui du mari, si elle l'achète en même temps qu'elle est achetée par lui, comment se fait-il qu'elle tombe sous sa puissance? Telle est la question insoluble que sont amenés à se poser ceux qui lisent cette page de l'*Histoire des Romains*.

Sur les effets de la *manus*, encore des renseignements inexacts. Ainsi, « quant aux droits successifs, la femme était traitée comme fille de famille. Si elle survivait à son époux, elle prenait sa dot et une part d'enfant (p. 273). » Une part d'enfant, oui; mais non sa dot, qui s'est confondue avec les autres biens du mari. A moins qu'on n'admette que le « droit du mari sur la dot se résolvait à la dissolution du mariage (p. 273) » : ce qui est une autre erreur, car le mari ou ses héritiers sont encore propriétaires après la dissolution du mariage.

A propos des effets du divorce, nous apprenons qu' « Auguste aurait établi un délai de dix-huit mois, avant l'expiration duquel les époux ne pouvaient pas se remarier (p. 276). » Or, tout au contraire, les époux divorcés pouvaient se remarier sans délai ; et même le mari retombait immédiatement sous le coup des lois caducaires qui prescrivent le mariage. La phrase citée méconnaît leur esprit, et par conséquent contient une erreur grave.

Les funérailles et le testament. — La matière des successions civiles et prétoriennes était, plus qu'aucune autre, difficile à résumer avec exactitude et sans confusion [1]. M. Duruy n'y a pas réussi. Il faudrait ici reproduire de très longs passages. Je me bornerai à en citer deux, à titre d'exemples.

« En cas de mort *ab intestat*, les XII Tables appelaient à la succession non pas la fille du défunt, qui, par mariage, aurait porté son héritage dans une autre maison et aurait abandonné ses dieux paternels, mais l'agnat le plus proche, et à son défaut la *gens* entière (p. 297). » La fille du défunt paraît donc exclue de la succession, avant même d'avoir perdu la qualité d'*heres sua :* ce qui est une erreur.

---

1. La chose n'est cependant pas impossible, même à un littérateur ou à un historien : V. Goyau, *Lexique des antiquités romaines*, V°. *Hereditas*, où cette matière est bien résumée.

Le plus proche agnat, c'est d'après M. Duruy (p. 305), *le frère et la sœur du défunt*, et il semble qu'il n'y ait pas d'autres parents qui puissent être appelés à ce titre. Or l'oncle, le grand-oncle, le neveu, etc., sont éventuellement *proximi agnati*, comme le frère ou la sœur.

Le maître et l'esclave; le patron et l'affranchi. — Nous retrouvons dès l'abord ces erreurs déjà signalées : l'esclavage résultant de la vente d'un enfant par son père, et de la capture par des pirates (p. 306).

La condition de l'esclave s'adoucit : « La loi s'interposa même entre lui et son maître pour empêcher celui-ci de contraindre l'esclave à des travaux qui étaient pour lui une dégradation : par exemple, faire d'un lettré un manœuvre, d'un musicien un portier. Caton se fût indigné de cette ingérence du magistrat dans la discipline domestique, et le conservateur intraitable aurait eu raison, car ce n'était pas moins qu'une révolution qui commençait (p. 310). » Le fait est que cette innovation vaudrait la peine d'être signalée, si elle avait été réalisée; mais aucun romaniste ne la mentionne, et M. Duruy ne cite aucun texte.

Au sujet des dispositions par lesquelles les Antonins restreignent le *jus vitæ necisque*, on fait grief à Constantin d'avoir diminué la portée de ces innovations si humaines, en décidant que le maître échapperait à la pénalité s'il n'avait pas tué son esclave sur le coup (p. 309, note 4)[1]. C'est mal comprendre la constitution de Constantin que l'on cite (1, *Cod. Just*, IX, 13). On ne pouvait songer à retirer au maître le *jus castigandi*, conséquence nécessaire de l'esclavage : s'il en use *non immoderate*, et que, par un châtiment non excessif, il cause la mort de son esclave sans avoir eu l'intention de la donner, il ne sera pas punissable. C'est une décision très raisonnable, déjà admise par Paul un siècle auparavant[2]. Le meurtre volontaire est

---

1. Cette critique paraît avoir été empruntée à l'ouvrage de M. Accarias, I, p. 98, n. 1 (3ᵉ éd.) : « Assurément l'empereur chrétien n'était pas en progrès sur l'empereur païen. » M. Duruy y revient encore dans son tome VII, p. 119, note 4.

2. Paul, *Sent.*, V, XXIII, 6 (*Coll. leg. Rom.*, III, 2) : *Servus si plagis defecerit, nisi id dolo fiat, dominus homicidii reus non potest postulari : modum enim castigandi et in servorum coercitione placuit temperari.*

toujours réprimé, que l'esclave ait été, ou non, tué sur le coup. Il ne faut donc pas dire, si l'on veut être juste, qu'à l'égard des esclaves le droit est devenu sous les empereurs chrétiens plus rigoureux qu'il ne l'était avant.

Comme indice de l'esprit nouveau qui anime le législateur, on nous cite la loi Aquilia, qui punit l'auteur du meurtre d'un esclave (p. 312). Mais d'abord la loi Aquilia est de près de cinq siècles antérieure aux Antonins. Et puis elle met sur la même ligne l'esclave et les animaux : *Qui servum servamve alienum alienamve, quadrupedem vel pecudem injuria occiderit* [1]... « Sans doute, ajoute M. Duruy, c'était la propriété du maître que la loi protégeait dans l'esclave ; cependant sans effacer sur lui le cachet de la servitude, elle obligeait le maître et le reste des hommes libres à reconnaître peu à peu en lui la qualité d'homme. » Rien n'est plus inexact. A ce compte la loi Aquilia pourrait être invoquée aussi, comme une loi Grammont d'un autre âge, par la Société protectrice des animaux.

Dans le même ordre d'idées, M. Duruy rapporte ce passage d'Ulpien : « Le Préteur doit punir l'injure faite à l'esclave (p. 312) [2]. » Mais il nous donne à entendre que le Préteur veut par là reconnaître et protéger dans l'esclave la personnalité humaine (v. p. 314 : « La personnalité humaine était reconnue en lui »), tandis qu'il ne s'agit au fond, à ce que l'on peut croire, que de l'intérêt du maître. Qui exercera l'action d'injures, et qui profitera de l'amende infligée ? N'est-ce pas le maître ?

L'action *de peculio* aurait été créée par le Préteur pour « sauvegarder la condition nouvelle de l'esclave (p. 312). » Ici encore reconnaissons que le Préteur s'est inspiré de l'intérêt du maître : s'il l'a considéré comme obligé envers les tiers par les contrats de son esclave, c'est afin que celui-ci jouît du crédit nécessaire à la conclusion d'opérations qui, en définitive, profiteront au maître, et non à l'esclave, car la pécule appartient au maître, et non à l'esclave.

« Marc Aurèle lui donna même le droit d'attaquer son maître

---

1. 2 pr. *D. Ad leg. Aq.*, IX, 2.

2. Le passage visé par M. Duruy, doit être la l. 15 § 35, *D.*, *De injuriis*, XLVII, 10 : *Ipsi servo facta injuria inulta a prætore relinqui non debuit.*

en justice, si celui-ci refusait un affranchissement dont il avait reçu le prix, qu'il avait dû promettre au moment de l'achat ou qu'un testateur aurait mis à sa charge (p. 314). » Si cela était vrai, il faudrait reconnaître que la condition de l'esclave est grandement modifiée. Mais autre chose est le droit d'agir en justice contre le maître, droit qui n'a jamais été attribué à l'esclave, autre chose la plainte qu'il fera parvenir au magistrat, lequel interviendra officieusement, moins pour la protection du droit de l'esclave que pour assurer l'exécution d'une convention ou de la volonté d'un mort.

Les personnes in mancipio et le colon. — Je ne crois pas, comme M. Duruy, que le débiteur insolvable adjugé à son créancier, que l'*auctoratus* qui s'est loué comme gladiateur, que le Romain, prisonnier de guerre, racheté par un autre Romain, soient *in mancipio* (p. 324). Je ne partage pas davantage ses idées sur l'origine du colonat (p. 324). Mais j'ai dit que je relèverais seulement les erreurs non contestables.

IV

Les deux derniers volumes ne nous retiendront pas longtemps, car le récit des faits qui se pressent absorbe l'historien. D'ailleurs n'a-t-il pas dit tout ce qu'il croyait avoir à dire sur les institutions du droit privé ?

Dans les passages assez nombreux relatifs au concubinat nous n'avions jusqu'à présent rien trouvé à reprendre. Mais en voici un qu'il est impossible de ne pas critiquer : « Le concubinat n'avait pas tous les effets civils des *justæ nuptiæ*... Peut-être les enfants suivaient-ils la condition de leur mère,... et n'étaient-ils pas soumis à la *patria potestas* du père (VI, p. 24, n° 2). » La nature et les effets du concubinat donnent lieu, certes, à de grandes difficultés; mais on est cependant d'accord sur certains points, et c'est précisément sur ceux que M. Duruy signale comme douteux : l'enfant *ex concubinatu* suivait assurément la condition de la mère, assurément il ne tombait pas sous la *patria potestas* [1].

1. L'enfant naturel tombe sous la puissance paternelle seulement par la légitimation ; jusque-là il est dans la famille de la mère.

Caracalla a fait quelques réformes importantes : « Il doubla le droit pour les affranchissements, les legs et les donations, abolit les successions *ab intestat..* (p. 245). » L'abolition des successions *ab intestat!* quelle réforme en effet, si elle avait été réalisée, par Caracalla ou par tout autre prince ! Mais je ne sache pas qu'elle l'ait jamais été ; je ne peux même pas concevoir quel a été le point de départ d'une assertion aussi erronée, quelle est la réelle innovation qui a été si mal traduite par l'historien. On pourrait croire qu'il veut parler de la suppression des *præmia patrum* et de l'attribution des *caduca* au fisc, si dans une note (même page, n. 4), il ne signalait à part cette modification des lois caducaires.

Est-il vrai que les avantages assurés par ces lois aux pères *de plusieurs enfants* [1] aient été accordés par Constantin aux *navicularii* qui transportaient à Constantinople le blé des provinces (VII, p. 71) ? Non, si l'on se reporte au texte cité [2]. Les membres de cette corporation particulièrement privilégiée sont simplement soustraits aux rigueurs des lois caducaires ; encore n'est-ce qu'au point de vue des *decimæ* entre époux : « *Vacatione legis Juliæ et Papiæ potiantur ut... et viri ex testamento uxorum solidum capiant et ad uxores integra voluntas perveniat maritorum.* »

L'affranchissement *in sacrosanctis ecclesiis* est mal présenté (p. 74) : on croirait qu'il s'agit du droit pour les églises d'affranchir leurs esclaves. « Les corporations légalement reconnues pouvaient affranchir des esclaves, et les communautés chrétiennes à titre de *collegia* avaient depuis longtemps cet usage : il (Constantin) le consacra par une loi, de sorte que les églises eurent, comme les sanctuaires d'Apollon et de Bacchus, de Minerve et d'Esculape, de Vénus et de Sérapis, le pouvoir de donner la liberté. » L'affranchissement *in ecclesiis* est, comme son nom l'indique, celui qui résulte d'une déclaration faite en présence des fidèles assemblés, par un propriétaire d'esclave, qui renonce à son droit : elle fut sanctionnée par

1. V. *supra*, p. 12.
2. Loi 7, *Cod Th.*, XIII, 5, *De naviculariis*, et le commentaire de Godefroy.

Constantin, et conféra dès lors la liberté complète, au lieu qu'auparavant elle ne donnait que la liberté latine.

Il n'est pas exact que l'homme de bien, *honestior*, ne pût être cité en justice par l'homme de rien, *humilior* (p. 189). Une pareille iniquité n'a jamais été admise à Rome, en aucun temps, pas plus au Bas-Empire que sous Auguste, époque à laquelle elle remonterait, d'après M. Duruy. L'auteur a dû tirer cette fausse conclusion d'un passage bien connu d'Ulpien [1], qui refuse l'action de dol à l'*humilior* contre l'*honestior*, mais en la remplaçant par une autre.

Qui croira que pendant tout l'empire il ait pu être défendu « d'avoir des armes et des chevaux dans sa maison sans la permission du prince : *nulli nobis insciis quorumlibet armorum movendorum copia tribuatur*. Voilà des lois qui révèlent un bien triste état social, et qui expliquent pourquoi les provinciaux ne résisteront pas aux barbares. Le mal était profond, car cette législation était ancienne, puisque la détention d'armes de combat était punie par une *lex Julia*... (p. 398, n. 1). » Cette législation n'a jamais existé, et il faut chercher ailleurs les causes du peu de résistance que rencontrèrent les barbares. Reportons-nous aux textes cités par M. Duruy. La loi Julia *de vi publica* défendait d'*avoir chez soi des dépôts d'armes, arma cogere* [2] ; elle exceptait les armes qui sont nécessaires pour la chasse, les voyages par terre, la navigation, ou pour la sauvegarde de chacun, *salutis suæ tutandæ causa* [3]. Ce que Valentinien Ier prohiba, ce fut de se servir de ses armes d'une certaine façon sans autorisation (*arma movere, prendre les armes*) : il s'agit, je pense, du cas qui ne devait pas être rare à cette époque troublée, où un propriétaire rural croyait pouvoir s'armer, lui et les siens, et tenir la campagne pour courir sus aux

---

1. 11, § 1, *Dig.*, *De dolo malo*, IV, 3. *Quibusdam personis non dabitur... cum sit famosa... nec humili adversus eum qui dignitate excellit... puta plebeio adversus consularem... In horum persona dicendum est in factum verbis temperandam actionem dandam...*

2. 1, *Dig.*, *Ad legem Juliam de vi publica*, XLVIII, 6.

3. 1 et 11, *D.*, *eod. tit.*

malfaiteurs et aux barbares [1]. Quant à la défense d'*avoir des chevaux*, elle étonne plus encore. Mais vérifions les citations. Il y a en effet au code Théodosien un titre *Quibus equorum usus concessus est* (IX, 30) : j'y vois que, dans certaines parties de l'empire où les vols de bestiaux, *abigeatus*, étaient plus fréquents qu'ailleurs, il fut défendu aux campagnards d'avoir des chevaux sans autorisation, autrement ils étaient réputés *abactores* et punis comme tels : on craignait qu'ils ne se servissent de leurs chevaux pour aller au loin exercer leurs rapines et en réaliser le produit. M. Duruy renvoie encore à ce propos au livre XV, tit. XIII, du même code, *De usu sellarum* : il croit sans doute que, après avoir prohibé l'usage des chevaux, les empereurs ont logiquement défendu de détenir des *selles*. Or il s'agit du droit de *s'asseoir au théâtre!*

Après cela on attachera peu d'importance à la confusion d'un sénatus-consulte avec un rescrit [2] (VI, p. 57) et à la traduction d'*usuræ trientes* par *intérêts à* 3 0/0 [3] (VI, p. 294).

Je ne prolongerai pas davantage cette critique : peut-être déjà plus d'un lecteur trouve-t-il que j'ai abusé de la permission que prend facilement un professeur — de droit — d'être long, monotone et pédant.

Cependant, qu'on veuille bien le remarquer, je n'ai relevé que les erreurs certaines et de quelque poids. J'ai dû en mon-

---

1. Cf. Léon et Anthémius, 10, *Cod. J., Ad leg. Juliam*, IX, 12 (468) : *Omnibus per civitates et agros habendi buccellarios vel isauros armatosque servos licentiam volumus esse præclusam...*

2. Il s'agit là de l'important sénatus-consulte rendu sous Septime Sévère, relatif à l'aliénation des *prædia rustica vel suburbana* appartenant à des mineurs. Parce que les textes parlent de l'*exposé des motifs* qui fut lu au sénat, *oratio Severi in senatu recitata* (1, § 1, D. *De reb. corum*, 27, 9), M. Duruy croit que ce document est un rescrit, et il ajoute, on ne sait pourquoi, qu'il fut envoyé par Sévère *des bords de l'Euphrate*. « Ainsi, conclut-il, un autre conquérant se plaisait à dater ses décrets de Varsovie ou de Moscou. »

3. Lampride, *Alex. Sévère*, 20, est le seul auteur, à ma connaissance, qui signale la réforme du taux de l'intérêt que M. Duruy attribue, en cet endroit, à Alexandre Sévère. Or Lampride dit : *Fœnus publicum trientarium exercuit.* Notons en passant que le traducteur de Lampride dans la collection Nisard traduit sans hésitation : « Il plaça les fonds publics *au denier trois...* », c'est-à-dire à 33 0/0 ! et Lampride fait dans ce passage l'éloge du désintéressement d'Alexandre Sévère !

trer la portée, parce que je n'écrivais pas uniquement pour les initiés ; mais je l'ai fait brièvement ; peut-être même parfois trop brièvement pour être bien compris, mais je ne pouvais sur chaque point faire un exposé dogmatique, je devais me borner à des indications. Si j'avais voulu signaler toutes les petites inexactitudes, discuter toutes les assertions contestables, apporter toutes les preuves, donner les vraies notions, je serais loin d'avoir fini.

Je n'ai pas cru non plus devoir indiquer les lacunes. Il y a bien des choses que M. Duruy n'a pas dites et qui, mieux que celles qu'il a dites, auraient jeté une vive lumière sur l'histoire des Romains. Par exemple, je ne crois pas que leur procédure civile, si intimement liée à leur droit et à leur vie journalière, dût être presque complètement passée sous silence. Je pense aussi que les divers systèmes sur l'origine du colonat auraient dû être rapportés et discutés.

Enfin je ne suis pas sorti du droit privé. Je n'ignore pas que certains passages relatifs au droit public méritent d'être critiqués[1]. Je suis persuadé que les littérateurs ne souscriront pas tous à certains jugements, notamment sur Tacite, « plus occupé de ses périodes que de la vraisemblance... » (IV. p. 309, n. 1). et pour qui « la déclamation vague » est un « procédé habituel » (p. 717, n. 3). Je sais pertinemment que beaucoup d'historiens sont loin de partager les appréciations de M. Duruy sur plusieurs points d'histoire : ainsi au sujet de Tibère, ou des persécutions contre les chrétiens, ou du baptême de Constantin, ou de l'influence du christianisme sur les destinées de l'empire[1]. Je suis sûr que les théologiens ne prendront pas

---

1. Par exemple, ce ne sont pas les consuls qui reçoivent les ambassadeurs étrangers (I, p. 338 ; cité *sup.* p. 4, n. 1) ; c'est le Sénat (Tite Live, XXX, 17 ; XXXI, 11 ; XL, 58 ; Cicéron, *In Vatin.* 15, 36 ; Polybe, VI, 13 ; XXIII, 10.) — Le système de M. Duruy sur les *tribuni militum a populo* (VI, p. 647) n'est pas celui de Mommsen, de Marquardt, de Wilmans, de Giraud ; mais cette question est des plus controversées. MM. Renier, Cagnat, Mispoulet, la tranchent comme M. Duruy.

1. V. sur ce point le discours de Mgr Perraud en réponse au discours de réception de M. Duruy à l'Académie française (*Recueil des discours de l'Académie française*, 1880-1889, p. 86 à 92). — *Bulletin critique*, année 1880, p. 314 ; 1881, p. 283 ; 1882, p. 287 ; 1883, p. 467 ; surtout 1884, p. 488-492 : articles de M. l'abbé Duchesne.

M. Duruy pour guide au milieu des discussions religieuses et des hérésies des ariens, des donatistes, des manichéens[1]. Mais j'ai tenu à rester sur le terrain du droit privé : *ne sutor ultra crepidam*. Je voulais montrer que si l'auteur a mis « un soin extrême à l'étude des sources », comme le dit M. Lavisse, il faut rayer de sa liste les sources *juridiques*. Maintenant ma preuve est faite, et je dois conclure.

On sait que les Romains ont. été *le peuple le plus juridique* du monde ancien ; que leur droit était intimement mêlé à leur vie, et que qui ne le connaît point ne pénétrera jamais les secrets de leur langue[2]. On pourrait peut-être inférer de là qu'un historien qui n'a pas eu de ce droit une notion exacte et complète, ne peut pas avoir fait un livre utile et durable. Ce jugement serait trop sévère ; cette conclusion n'est point la mienne. L'*Histoire des Romains* est et reste, malgré tout, une œuvre remarquable, non seulement par la forme, par l'art de la composition, par le plan, par le style, mais aussi par le fond. M. Duruy possède tous les auteurs latins, et il sait leur emprunter, quand il y a lieu, les citations les plus saisissantes. Il a lu tout ce qu'ont écrit sur l'histoire de Rome les anciens et les modernes, non seulement Tite Live, Polybe, Tacite ou Suétone, mais Eusèbe, Théodoret, Socrate, Sozomène, ou Jean Malala, non seulement Bossuet, Montesquieu, Gibbon, Niebuhr ou Mommsen, mais le plus obscur auteur de la plus mince communication à l'Académie des Inscriptions et Belles-lettres. Il sait tout ce que l'on sait sur les antiquités romaines : il connaît les inscriptions, les monnaies, les statues et les bas-reliefs, les pierres gravées, les monuments épars en tous les pays, et il excelle à faire jaillir de ces matériaux l'étincelle qui brille et qui éclaire. Soutenu par cette vaste érudition, il ne pouvait avoir que des défaillances tout à fait fortuites et passagères ; une phrase est erronée, celles d'après sont justes ; l'auteur bronche, mais ne tombe pas, ou s'il tombe, il se relève aussitôt et reprend brillamment sa course.

Il suit de là qu'il ne lui aurait fallu que bien peu d'effort

1. V. *Bulletin critique*, 1883, *loc. cit.*
2. Accarias, *Précis*, Préface, p. XXIII.

pour mettre son livre, quant aux notions de droit romain qu'il
renferme, à l'abri des critiques qu'on vient de lire. Des retou-
ches partielles auraient suffi. Pour les faire il n'aurait eu qu'à
étudier quelque solide traité, comme le *Précis* de M. Accarias,
qu'il cite plus d'une fois, mais qu'il n'a certainement fait que
parcourir. Ou bien encore il aurait dû soumettre son œuvre à
la révision d'un homme compétent. Ainsi l'*Histoire des
Romains* eût été facilement mise en état de soutenir la compa-
raison avec les consciencieuses productions de l'érudition
allemande, auxquelles elle est si supérieure à d'autres
égards.

Malheureusement il n'a pas dû connaître, ni même soup-
çonner, ces imperfections. Quand, à la fin de son dernier
volume (VII, p. 550, n° 1), il écrit : « Je ne me sépare pas
encore de ce livre... il faudra sans cesse l'améliorer : l'histoire
n'est-elle pas, par les découvertes qui se font chaque jour, un
perpétuel renouvellement? », il n'a, comme on voit, d'autre
préoccupation que celle des nouveautés qui pourront se révéler,
non celle des erreurs qu'il aurait commises.

C'est du reste le reproche que l'on peut faire à la plupart de
ceux qui, chez nous, s'occupent de l'histoire, ou de la langue,
ou de la littérature romaines : quand ils rencontrent (ce qui
n'est que trop fréquent) un passage relatif à ce droit romain
qu'ils ignorent, ils n'hésitent point à s'y attaquer, bravement,
tête baissée, avec le mépris qu'on a pour le danger qu'on
ne connaît pas. De là des explications étonnantes dans les
ouvrages de la plus haute érudition ; des contresens invrai-
semblables dans les traductions de Cicéron réputées les
meilleures. Je pourrais en citer maints exemples, mais ce
serait matière à tout un article.

Quelqu'un, m'a-t-on raconté, soumettait un jour cette
observation à un savant éminent, auteur de livres remar-
quables, mais qui sous le rapport de la science juridique lais-
sent un peu à désirer, directeur d'une illustre école (avouons
tout de suite qu'il s'agit de l'école normale supérieure); et il
lui suggérait l'idée qu'un enseignement sommaire du droit
romain n'y serait pas déplacé. « D'accord, répondit le savant;
ces notions sont indispensables à nos élèves; aussi leur sont-

elles données, et c'est moi qui les donne. » L'autre n'insista pas.

Il semble donc difficile de faire comprendre aux littérateurs et aux historiens qu'il faut apprendre le droit des Romains pour le savoir, et qu'il faut le savoir pour en parler à l'occasion. C'est cependant la conclusion que je me permets de leur soumettre, ou plutôt que je leur demande de vouloir bien tirer eux-mêmes de ce travail. Si c'est être quelque peu impertinent, est-ce être trop ambitieux ?

Paris. — F. Levé, imprimeur de l'Archevêché, rue Cassette, 17.